DE LA RÉFORME

DU

CODE D'INSTRUCTION CRIMINELLE

PAR

JULES LEVEILLÉ
PROFESSEUR A LA FACULTÉ DE DROIT DE PARIS.

PARIS
A. COTILLON & Cie, IMPRIMEURS-ÉDITEURS,
Libraires du Conseil d'État et de la Société de législation comparée,
24, RUE SOUFFLOT, 24.

1882

DE LA RÉFORME

DU

CODE D'INSTRUCTION CRIMINELLE

PAR

JULES LEVEILLÉ
PROFESSEUR A LA FACULTÉ DE DROIT DE PARIS.

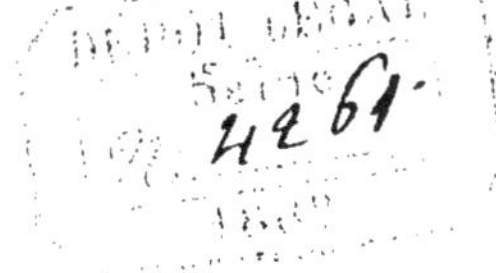

PARIS
A. COTILLON & Cie, IMPRIMEURS-ÉDITEURS,
Libraires du Conseil d'État et de la Société de législation comparée,
24, RUE SOUFFLOT, 24.

1882

DE LA RÉFORME

DU CODE D'INSTRUCTION CRIMINELLE

Le Gouvernement a entrepris la réforme de nos lois criminelles; et, s'attaquant d'abord au Code de 1808, il a soumis au Sénat un projet qui réorganise l'instruction préparatoire (1).

M. le procureur général Dauphin a de son côté formulé un contre-projet que le Sénat vient de voter en première lecture.

J'ai suivi avec une attention très vive cette grande et belle discussion de droit; et je demande la permission de donner librement mon avis sur ce difficile problème de législation.

Le Sénat était en réalité saisi de trois propositions.

Il pouvait maintenir purement et simplement le régime actuel, c'est-à-dire le Code de 1808; c'est ce que demandaient avec fermeté MM. Grandperret, Jouïn et de Gavardie.

Il pouvait, au contraire, entrer dans la voie des innova-

---

(1) La procédure pénale se divise naturellement en deux grandes opérations : 1° il faut rassembler les preuves du délit, c'est l'instruction préparatoire; 2° il faut déclarer ensuite la culpabilité ou la non-culpabilité, c'est le jugement. Le projet actuel ne parle que de l'instruction préparatoire; mais le Parlement devrait rectifier le titre manifestement incomplet du Code de 1808 et l'appeler Code, non plus d'instruction criminelle, mais de procédure pénale.

tions. Il s'y est résolu à une forte majorité. Mais l'embarras commençait, quand il s'agissait de savoir jusqu'où l'on pousserait les innovations. Le Sénat pouvait s'en tenir au système de M. Dauphin ; c'est ce qu'il a fait, bien que ce système ne constituât, suivant le mot de M. Bérenger, qu'une réforme timide. Il pouvait au contraire aller plus loin, et adopter le système plus accentué du gouvernement. Je constate que ce troisième système n'a pas été porté ni défendu à la tribune. Je regrette ce silence ; car je suis profondément convaincu que ce dernier projet — amendé — contient la vraie solution du problème. A mon sens, le gouvernement seul a su définir, et seul il a osé proposer la réforme hardie, qui est nécessaire.

J'essaierai de prouver dans cette note :

1° Que le Code de 1808 est détestable ;

2° Que le contre-projet de M. Dauphin, quels que soient le talent et l'indiscutable loyauté du savant magistrat, est insuffissant, et qu'il n'est qu'un mirage ;

3° Que le gouvernement a au contraire posé les bases d'une information rationnelle et impartiale.

Il est logique que je m'occupe d'abord du Code de 1808, puisqu'il constitue le droit en vigueur. Ce Code mérite-t-il les louanges, que lui ont prodiguées à l'envi MM. Grandperret, Jouïn et de Gavardie ? Pour apprécier sa valeur, je dois rappeler quelles sont, en matière d'instruction préparatoire, les règles fondamentales qu'il édicte.

Quand un crime est commis, il va de soi qu'il faut en découvrir l'auteur.

Notre loi confie cette mission délicate à un magistrat qu'on nomme le juge d'instruction. Ce juge a des pouvoirs à peu près illimités. Il n'existe pas en ce monde de fonctionnaire qui ait des droits aussi exorbitants que les siens. Dès qu'un homme lui paraît suspect, le juge peut le faire arrêter préventivement (1); il peut pendant un temps indéfini le garder sous les verroux, le tenir au secret le plus absolu; ce malheureux, qu'on arrache subitement à sa famille, est à la fois atteint dans ses affections, dans sa liberté, dans sa fortune et dans son honneur.

Une pareille rigueur, si cruelle qu'elle soit, on l'explique, on la justifie, quand l'inculpé est un coupable ; il ne faut pas que le malfaiteur se dérobe au châtiment. Mais supposez que l'inculpé n'ait pas commis le délit qu'on lui impute ; supposez que le magistrat, trompé par de faux rapports, égaré par de faux indices, ait ordonné l'arrestation d'un innocent ; alors il faut bien aborder de front cette question redoutable : le Code de 1808 protège-t-il efficacement l'innocent contre les erreurs du juge d'instruction ? Un Code de procédure pénale ne doit pas seulement traquer les coupables ; il doit également couvrir les innocents. Eh bien ! quelle est la situation faite en France à l'accusé innocent ?

— L'inculpé a-t-il près de lui, dès la première violence qu'il subit, dès son arrestation préventive, un conseiller qui supplée à son inexpérience personnelle ? Non ; le défenseur n'est obligatoire qu'à la veille de l'audience.

— L'inculpé connaît-il, jour par jour, les charges que le juge rassemble contre lui ? Non ; il peut sans doute à un moment tardif adresser à la Chambre d'accusation des mémoires justificatifs ; mais ces mémoires, qu'il est incapable de rédiger lui-même, comment les rédigerait-il uti-

(1) Le Parlement devrait profiter du vote du projet de loi actuel pour résoudre enfin la question de savoir si le temps de la détention préventive doit s'imputer sur la durée de la peine.

lement, quand il n'a pu lire les pièces du dossier? comment pourrait-il discuter des faits qu'il ignore?

— Contre l'autorité discrétionnaire du juge, contre des abus de pouvoir possibles, l'inculpé est-il sauvegardé par la publicité de l'instruction? Non. L'instruction, si longue qu'elle soit, à quelqu'époque qu'on l'étudie, demeure secrète, toujours secrète; c'est à huis-clos que le juge entend les témoins, interroge l'inculpé, quand il le veut, comme il le veut, aussi souvent ou aussi rarement qu'il le veut.

L'inculpé est donc scientifiquement désarmé. Le Code a organisé, sous le nom d'instruction préparatoire, une procédure purement offensive; tout est disposé dans l'œuvre du législateur en vue de cette hypothèse unique : l'inculpé est coupable. Le Code mérite par conséquent l'épithète si dure que lui a infligée M. le Procureur général Dauphin, quand il a écrit que notre loi criminelle était partiale.

Protestera-t-on contre cette appréciation trop sincère des textes? Mais alors que les admirateurs du Code de 1808 veuillent bien indiquer les garanties, qui protègent l'innocent au cours de l'instruction préparatoire!

Dira-t-on que ces garanties existent, et qu'on les trouve dans ce double fait : 1° que le soin de rassembler les preuves du délit est confié, non pas au procureur de la République, qui est un adversaire de l'inculpé, mais à un magistrat neutre, le juge d'instruction; 2° que l'instruction n'est après tout qu'une opération provisoire, une reconnaissance générale de l'affaire, et que le jugement, qui seul emporte la condamnation de l'inculpé, est chez nous parfaitement organisé?

Il y a lieu d'examiner la valeur de ces objections.

La première garantie des innocents serait tirée de la qualité du magistrat instructeur? Le soin de rassembler les preuves du délit n'est pas, dit-on, confié au procureur de la République, qui est un homme aggressif, un homme de combat, le contradicteur habituel et ardent des inculpés, mais à un personnage neutre par excellence, le juge d'instruction, qui n'est pas un accusateur de profession, qui doit chercher sans parti-pris d'aucune sorte la vérité, quelle qu'elle soit, qui doit relever avec un scrupule égal et les charges qui accablent et les moyens qui sauvent les prévenus.

Cette observation n'est qu'une chinoiserie. Comment! tous les procureurs seraient passionnés, aucun des juges ne le serait! Tous les magistrats assis auraient cette belle vertu de l'impartialité, qui, par un phénomène inverse, manquerait à tous les magistrats debout! Mais le Code n'a pas fait du juge d'instruction le neutre qu'on vante; car, d'après les textes, la neutralité du juge serait singulièrement boîteuse : il doit ouvrir sa porte à l'accusateur, il peut la tenir fermée à l'accusé; il doit communiquer à tout moment tout le dossier à l'accusateur, il peut ne pas en laisser lire une seule pièce à l'accusé. Tandis que l'accusé languit dans sa cellule, ignorant tout et ne pouvant rien, l'accusateur collabore librement, intimement, incessamment avec le juge; l'accusateur adresse des conclusions au juge; il requiert le juge; il provoque et souvent il inspire les ordonnances du juge. Il faut donc ne pas se payer de mots. Dans la pratique des affaires criminelles, les deux magistrats, le passionné et le non-passionné constituent pour l'inculpé deux adversaires, deux adversaires loyaux sans doute, mais enfin deux adversaires. Si l'on veut à tout prix marquer une nuance entre ces deux fonctionnaires, je concéderai que l'un est *plus* adversaire que l'autre de l'inculpé (1).

---

(1) Dans son traité de procédure criminelle, Mittermaïer étudie la

Mais, dira-t-on, ce n'est pas au cours de l'instruction préparatoire qu'il faut tant s'inquiéter des intérêts de l'inculpé : l'instruction n'est en somme qu'un examen préparatoire de l'affaire ; elle n'est pas le procès, elle en est tout au plus la préface ! Quand s'engage (1) la vraie bataille ? quand l'inculpé court-il des risques sérieux? après la clôture de l'instruction, lors du jugement. C'est donc à l'organisation du jugement qu'il faut veiller ; c'est lors du jugement qu'il faut grouper, accumuler les garanties. Eh bien! à ce moment qui est le moment critique, le législateur français a-t-il failli à ce devoir impérieux de la protection des innocents? n'a-t-il pas tout réglé avec sagesse, avec libéralité? à l'heure décisive du jugement, voyez les mesures multiples qui sont prises : l'audience est publique; c'est le jury, c'est-à-dire le peuple, qui statue sur les infractions les plus graves; l'avocat est debout à la barre, discutant avec indépendance les charges purement provisoires de l'instruction; que pèsent alors les procès-verbaux de l'information? ils ne valent que comme simples renseignements; si l'inculpé n'est pas coupable, le jury, qui ne croit pas facilement à la culpabilité, le proclamera par son verdict; le jury n'est aucunement lié, aucunement influencé par les appréciations

---

loi écossaire qui, pendant l'instruction, met en mouvement le shériff et le procureur fiscal, et le savant jurisconsulte déclare qu'il est dangereux d'opposer à l'accusé deux magistrats expérimentés (p. 213).

(1) Dans le même ordre d'idées, M. Jouïn disait au cours de la première délibération : l'instruction préparatoire, mais ce n'est pas encore la lutte, ce n'est pas encore la bataille? — Soit, répondrai-je, ce n'est pas encore l'assaut, mais c'est déjà l'investissement, et les places investies sont des places à peu près perdues. La bataille de Sedan était perdue dès le matin, avant qu'un coup de canon eut été tiré; c'est que le général de Molkte avait couvert de ses batteries toutes les hauteurs qui dominaient et commandaient le champ de bataille.

et les constatations du magistrat instructeur. Donc, les défectuosités de notre instruction préparatoire, si tant est qu'elles existent, sont corrigées, sont rachetées par l'incontestable perfection des règles qui chez nous, président au jugement (1).

J'accorde aisément que le Code de 1808 a mieux organisé le jugement que l'instruction. Mais est-il vrai, comme on le prétend, que le jugement soit presque tout et l'instruction presque rien? Non. L'expérience quotidienne démontre au contraire que l'instruction, dont on s'efforce vainement de diminuer l'importance, influe profondément sur le jugement définitif. Les procès-verbaux de l'information, qui relatent les premières dépositions des témoins, les premières réponses de l'inculpé, ces documents, qu'on appelle provisoires, le président de la Cour d'assises, en vertu de son pouvoir discrétionnaire, les verse chaque jour aux débats, et chaque jour le Procureur Général s'en fait une arme contre l'accusé. Les aveux, que le juge avait arrachés pendant l'instruction préparatoire à la femme Doise, brisée par la torture du cachot, ces aveux que la femme Doise rétractait avec une énergie désespérée à l'audience, ces aveux n'ont-ils pas entraîné, si mensongers qu'ils fussent, et bien qu'ils ne se fussent produits que pendant l'instruction, la condamnation d'une innocente par le jury? Ce drame est d'hier, et cette lamentable affaire prouve à l'évidence qu'il ne suffit pas d'avoir excellement réglementé le jugement. Non; il faut que dans

(1) Je lis dans Mittermaïer, p. 249, un jugement sévère sur notre procédure française : « Le jury, le débat oral et sa publicité, sans la publicité de l'information préparatoire, pourraient être comparés à une personne portant un beau vêtement de dessus et un linge de corps tombant en lambeaux, à une pièce où l'on ne viserait qu'à l'effet théâtral, à une maison sans fondement. »

l'instruction préparatoire elle-même, et, s'il est possible, dès le début de cette instruction, l'inculpé obtienne enfin du législateur des garanties qui lui ont été jusqu'ici très-injustement et très-imprudemment refusées (1).

Un sénateur, qui a défendu avec chaleur le Code de 1808 a prononcé dans ce débat une parole que j'ai retenue : « Prenez garde, a-t-il dit à ses collègues ; si vous touchez au Code, si vous entamez les droits du juge d'instruction, vous allez désorganiser la défense sociale. »

Je ne suis pas de ceux qui accepteraient de désorganiser la défense sociale. Je pense, en effet, que la première condition de l'ordre, c'est la répression sévère des crimes ; on ne doit pas gêner, on doit favoriser la recherche des preuves et la démonstration des culpabilités. J'estime dès lors que le juge instructeur doit être armé de moyens puissants, de moyens irrésistibles d'investigation. Il faut que le représentant de l'autorité puisse ouvrir toutes les portes, interroger toutes les consciences, provoquer tous les témoignages, déjouer toutes les fraudes. Je ne suis suspect, je l'espère du moins, ni de faiblesse, ni de sensiblerie. Je ne veux marchander rien aux magistrats des attributions légitimes qu'ils revendiquent ; je reconnais facilement qu'on ne peut *a priori* restreindre leurs pouvoirs ; il faut, quels que soient les obstacles qui surgissent, qu'ils en puissent triompher. Le crime doit être vaincu.

---

(1) L'inculpé a certainement intérêt à ce que l'instruction préparatoire soit améliorée, ne fût-ce que pour éviter d'être trop facilement renvoyé devant les juridictions de jugement. Il ne suffit donc pas de dire : qu'importent les défauts et les erreurs de l'instruction ? l'acquittement par les jurés ou par les magistrats correctionnels, sauvegardera l'inculpé. C'est une protection tardive, aléatoire et douloureuse. La seule comparution devant la justice répressive est une souffrance qu'il faut épargner le plus qu'on peut aux prévenus.

Mais, en retour de cette liberté d'action, que je concède aux fonctionnaires pleine et entière, il est une garantie à laquelle les justiciables ont droit de prétendre, une garantie qui n'existe pas au cours de l'instruction préparatoire actuelle, une garantie qui est cependant le contrepoids logique et la condition *sine quâ non* du pouvoir illimité des juges ; cette garantie nécessaire, qu'il faut inscrire dans la loi nouvelle, c'est le contrôle effectif et immédiat des actes, de tous les actes des officiers de justice.

Ainsi ; le système que je soutiens est solidement lié, il repose sur ces deux idées fondamentales, indivisibles, qui se complètent et se justifient l'une l'autre :

1° Le magistrat instructeur peut tout, parce qu'il faut qu'il atteigne et qu'il démasque les coupables ;

2° Le magistrat instructeur doit être contrôlé en tout, parce qu'il ne faut pas qu'il compromette jamais les innocents.

On voit en quoi, M. Grandperret et moi, nous différons, quant à notre manière de concevoir et d'agencer l'instruction. M. Grandperret fidèle, aux errements de 1808, accorde au juge l'omnipotence, sans lui imposer le contrôle; c'est là tout le Code de 1808. Je veux pour ma part conserver au juge son omnipotence ; mais, comme correctif de son pouvoir discrétionnaire, j'entends lui imposer désormais le contrôle de toutes ses opérations.

L'introduction du contrôle dans l'instruction préparatoire, voilà à mon sens la réforme féconde qui doit sortir des délibérations du Parlement.

Il ne s'agit pas de biaiser ici ni de réclamer transactionnellement des demi-mesures. Il faut vouloir des réalités. Je ne me contenterai pas des apparences du contrôle. Des apparences de contrôle, il y en a déjà dans le Code de 1808; car les Chambres d'accusation et les Procureurs généraux se font rendre compte des actes des juges d'instruction. Nous avons donc dès maintenant ce que j'appellerai un contrôle de famille. Mais le contrôle qu'il nous faut, celui qui seul corrigera les fautes de la loi, qui seul constituera au profit des inculpés une garantie positive contre les erreurs possibles du juge d'instruction, le contrôle indispensable, c'est le contrôle effectif et libre. Je m'explique.

L'agent que tout désigne pour remplir ce mandat de contrôleur, c'est l'avocat. L'avocat réunit en effet les qualités multiples qu'exige une tâche si délicate : il a l'expérience des choses du palais, car il y vit; il a l'indépendance de la situation, car il n'est pas encadré dans la hiérarchie des fonctionnaires publics; il a de plus la fermeté du caractère, car il est habitué à la lutte ; il a enfin, ce qui ne gâte rien et ce qui est au contraire un avantage de plus, une déférence respectueuse pour la magistrature.

Mais il ne suffit pas d'avoir choisi l'homme qui convient ; il faut définir le mandat qu'on va lui conférer. Dans quelles conditions l'avocat accomplira-t-il sa mission? quel sera son rôle? Je n'accepte pas d'équivoque sur ce point capital. Comme je veux que le contrôle soit efficace, je demande très-formellement qu'il soit immédiat. Le contrôle, à mon sens, doit se produire pendant que le juge opère; il ne doit pas se produire après que le juge a opéré. Par conséquent l'avocat doit assister aux auditions de témoins, aux interrogatoires de l'inculpé. Il doit être présent qu'on me passe le mot, à l'accouchement successif des preuves. Quand les Reines de France étaient en mal d'enfant, l'usage voulait qu'on mandât auprès d'elles, dût leur pudeur s'en alarmer, les grands personnages de l'État, afin que l'identité du prince royal ne pût jamais être plus tard l'objet d'un doute. Nos magistrats peuvent bien, sans déroger, imiter ces princesses souveraines, afin que l'autorité de leurs constatations en soit accrue d'autant, afin que les procès-verbaux qu'ils signent soient du coup placés au dessus de toutes les incertitudes et de tous les soupçons.

Il est irrationnel, si l'on croit à l'utilité, à la nécessité d'un contrôle, qu'on fasse porter uniquement et toujours le contrôle sur des opérations finies. C'est donner d'une main et retirer de l'autre. Le contrôle après coup ne vaudra jamais le contrôle contemporain des actes. Que vous vérifiiez après coup des opérations qui ne vous ont pas attendus, parce qu'elles ne pouvaient pas vous attendre, je le conçois; mais ce que je ne conçois pas, c'est que le juge vienne dire à l'avocat : je vais travailler, en conséquence je vous bande les yeux; je vous permettrai de regarder quand j'aurai terminé. On va donc instituer une garantie, non pas avec son *maximum*, mais avec son *minimum* d'effet!

C'est pourtant là le système que M. le Procureur Général Dauphin, — qui n'est assurément pas un adversaire du contrôle, et qui a au contraire vaillamment combattu pour la réforme du Code, — c'est pourtant là le système, dis-je, que M. le Procureur Général Dauphin a fait triompher au Sénat en première lecture. Certes j'applaudis au talent et à la science de l'éminent rapporteur; mais il me pardonnera de ne point applaudir à sa victoire. Comment! vous pouvez décider que l'avocat sera présent à toutes les recherches de la justice; vous pouvez ordonner qu'il entendra les paroles mêmes tomber, énergiques ou hésitantes, de la bouche des témoins ou de la bouche de l'inculpé; et cette garantie incomparable d'un contrôle *de visu* et *de auditu,* vous la repoussez, quand pour l'établir il suffit que vous la vouliez ! Vous croyez avoir rempli votre devoir, parce que vous livrez au défenseur les procès-verbaux où sont écrites, froides et décolorées, les déclarations des témoins, les justifications des inculpés ! L'avocat pourrait assister au drame de l'instruction ; vous lui jetez, pour qu'il le reconstitue par l'imagination, le compte-rendu du drame ! Vous pouviez organiser le contrôle vivant; vous organisez je ne sais quelle autopsie de la procédure !

Mais pourquoi consignez-vous donc l'avocat (1) à la porte du cabinet du juge d'instruction ? Que redoutez-vous ? Dans l'examen d'un pareil problème, il faut dire tout haut les choses qu'on pense ; car il faut motiver les propositions qu'on adopte ou celles qu'on rejette. Vous craignez que l'avocat trouble les témoins ? vous craignez qu'il souffle à l'inculpé qu'on interroge des réponses plus habiles que sincères ? vous craignez qu'il gêne le magistrat dans ses investigations ? vous craignez qu'il commence prématurément le débat ?

Je reconnais que l'instruction judiciaire ne doit être en rien contrariée par la présence, par l'intervention indiscrète du défenseur. Le magistrat doit demeurer maître de l'affaire. Nous ne sommes pas arrivés à l'heure des débats ; nous ne sommes encore qu'à l'heure des constats. Aussi je ne demande pas que le défenseur prenne la parole, et croise le fer avec le ministère public. J'accepte très-bien qu'il reste un témoin muet des scènes qui se déroulent devant lui. Je lui ferme la bouche, mais je ne lui ferme ni

(1) Le projet voté en première lecture par le Sénat, ne sera pas compris de tout le monde. Je crains qu'on le résume d'une façon aussi brève qu'injuste, en disant qu'il est à la fois un acte de confiance infinie envers la magistrature, et un acte de défiance trop peu déguisée à l'égard du barreau.

les yeux ni les oreilles ; je veux qu'il voie tout ; je veux qu'il entende tout. Je lui accorde la faculté, comme sanction de ses droits, de coucher par écrit, et de transmettre séance tenante au juge ses observations, ses réserves et ses réquisitions. Je lui accorde surtout la faculté, ou plutôt je lui impose le devoir,— si le procès-verbal dicté par le magistrat et qui relate les dépositions reçues ou les réponses de l'inculpé lui semble incomplet ou inexact, ce procès-verbal eût-il été déjà et trop facilement signé par le témoin ou par l'inculpé, — je lui accorde la faculté, et je lui impose le devoir, de faire mentionner au bas de ce procès-verbal qu'il refuse de contre-signer ce document, parce que ce document lui parait inexact ou incomplet en tel ou tel point, que l'avocat devra préciser (1). — Je veux faire de l'avocat, en d'autres termes, un témoin essentiel, un témoin instrumentaire des opérations de l'instruction préparatoire.

Si vous me concédez l'assistance, même silencieuse, de l'avocat aux opérations de l'instruction, et dans le cas seulement où vous me feriez cette concession, je déclare que vous avez institué d'une façon efficace le contrôle de la procédure préparatoire. Je ne m'avise pas dès lors de réclamer l'importation en France du système anglais, d'après lequel le rassemblement des preuves s'effectue en public, toutes portes ouvertes. L'idée des Anglais, c'est que le rassemblement des preuves doit être contrôlé, et qu'il l'est par cette foule curieuse et qu'on n'a point triée : c'est le contrôle direct par le peuple. Je retiens l'idée ; mais je n'ai pas besoin de cette foule sans compétence pour assurer la marche de la justice ; je me contente de

(1) Qu'on rapproche cette proposition de l'article 57 du projet Dauphin.

placer dans le coin le plus obscur du cabinet du juge, éloigné des témoins et de l'inculpé, puisque vous vous défiez d'un contact et d'un coup d'œil, cet homme modeste, qui connaît ses droits, qui connaît ses devoirs, qui ne parle pas, qui écrit peu, mais qui écoute et qui regarde.

Je ne me soucie plus du large public des audiences anglaises; un témoin me suffit, pourvu que vous m'acccordiez un témoin qui sache voir (1).

Je me rapproche donc beaucoup du projet primitif, élaboré sous la haute direction de MM. Dufaure et Le Royer. Je demande, comme les auteurs du projet du gouvernement, que l'avocat soit présent aux dépositions et aux interrogatoires. Mais je me sépare du projet du gouvernement, en ce que je n'autorise pas, au cours de l'instruction préparatoire, le débat immédiat, le débat oral, qui me paraît prématuré. Dans cette première période de la procédure, je ne crois pas qu'il faille faire de l'avocat un contradicteur; il suffit d'en faire un auditeur impassible, armé du droit de signer ou de ne pas signer les procès-verbaux du juge. De cette façon l'instruction, reste l'instruction, et ne devient pas en quelque sorte, par anticipation, la répétition générale de la bataille qui se livrera plus tard à l'audience.

L'inculpé est dès lors protégé, avec une égale sollicitude quoique par des moyens divers, aux deux périodes de la procédure. Pendant l'instruction, il est garanti par

(1) Je réclame donc l'organisation d'une publicité tempérée, restreinte. C'est la pratique suivie en Écosse. La publicité, écrivait au XVIIIe siècle, le président Dupaty, observe la justice et la rend attentive.

le contrôle que l'avocat exerce immédiatement sur tous les actes du juge. Lors du jugement, ce même inculpé est garanti par la plaidoierie que l'avocat prononce, en réponse au ministère public. La réforme que je réclame, n'est donc en définitive que l'extension légitime ou plutôt que l'expansion naturelle et logiqne du droit de défense. La défense revêtira désormais deux formes distinctes et successives, le contrôle d'abord, la plaidoierie ensuite (1).

Les idées que j'ai développées dans cette note paraîtront téméraires à beaucoup de jurisconsultes. Je ne supprime pourtant pas le secret de l'instruction ; j'y fais une brèche par laquelle passera et passera seul l'avocat. Cette innovation que je préconise est-elle une théorie sans précédent ? ou bien au contraire des criminalistes, des publicistes ont-ils déjà proposé que les opérations de l'instruction préparatoire fussent soumises au contrôle immédiat de l'inculpé, de son défenseur ou de témoins instrumentaires ?

M. de Gavardie a vingt fois déclaré au cours de la première délibération que les principes du Code, — l'instruction à huis-clos, l'exclusion de l'avocat jusqu'à la clôture

(1) Dans ce système, le juge qui veut faire un acte d'instruction doit pouvoir requérir un avocat ; il faut dès lors, que l'avocat soit toujours disponible. Cela crée, sinon des impossibilités, du moins des difficultés pratiques. J'accepterais donc, par analogie de l'art. 62, que les Cours d'appel arrêtassent chaque année, après avis des tribunaux, des Conseils de l'ordre des avocats, des Chambres des avoués, etc..., une liste des défenseurs pouvant être désignés d'office, pour assister le juge d'instruction. Dans les petits centres judiciaires où le collége des avocats ou des avoués serait trop peu nombreux, l'avocat ou l'avoué serait remplacé par deux citoyens, loyaux et suffisants, comme l'écrivait déjà notre vieux Beaumanoir.

Je conçois en effet, deux manières d'organiser le contrôle immédiat des actes du juge d'instruction; on peut en charger et partout l'avocat ou l'avoué ; on peut en charger partout et toujours deux citoyens.

de l'information, — avaient jusqu'à présent obtenu l'adhésion de tous les esprits. Personne, a-t-il dit, n'a protesté contre le système actuel ; la législation de 1808 n'a jamais rencontré en France que des approbateurs.

M. de Gavardie se trompe étrangement dans ses affirmations. Les principes qu'il admire ont, au contraire, soulevé et de tout temps les contradictions les plus vives. Pour l'établir, il faut que je remonte un peu haut ; mais en remontant un peu haut, je ne sors pas du sujet. Le système que M. de Gavardie appelle le système de 1808, n'est pas en effet un système né en 1808. Notre Code est plus vieux, beaucoup plus vieux que son âge officiel. Quant à la période de l'instruction préparatoire, il n'est en réalité qu'une seconde édition à peine rajeunie de l'ordonnance royale de 1670 ; si je voulais serrer la question de près, je pourrais écrire que notre législation de 1808, toujours quant à l'instruction préparatoire, est calquée, triste modèle, sur les règlements de l'inquisition. Mais je m'en tiens à l'ordonnance de 1670. Oui, quant à l'information, c'est le droit de Louis XIV qui, sous le nom de Code de 1808, gouverne encore la France de 1882. Seulement quelques mots sont changés ; le lieutenant criminel de 1670 est devenu le juge d'instruction, mais il a gardé tous ses droits et il les exerce dans les mêmes conditions ; comme en 1670 c'est le magistrat qui recueille seul et à huis-clos toutes les preuves ; du XVIIe au XIXe siècle il n'a perdu en route qu'une seule de ses attributions : il ne peut plus en 1882 mettre l'inculpé à la torture ; l'instruction ne va plus *usque ad effusionem sanguinis*. A ce détail près, le lieutenant criminel de 1670 et le juge d'instruction de 1882 sont frères. Eh bien ! que valent les règles posées par Louis XIV et renouvelées par Napoléon Ier ? qu'en pensaient nos aînés ?

J'ouvre dans les premières années du XVIIe siècle l'ouvrage célèbre de Pierre Ayrault, lieutenant criminel d'Angers, et j'y trouve son opinion, rudement exprimée comme toujours, sur le secret de l'instruction et sur les garanties que la procédure pénale offre aux accusés : « On faict de la justice comme des saincts et sacrés mystères, qui ne se communiquent qu'au prestre *(Ordre et formalités*, liv. III, art. 3)..... Anciennement à Rome et en la Grèce, toute cette instruction, recolement, confrontation et jugement, se faisait à huis ouvert et en public, présent le peuple, tous les juges et parties présentes. D'où vient cette différence ?.. Est-il raisonnable d'adjouster foy à ce qu'un juge et un clerc mercenaire rapportent de ce que dix ou vingt ont déposé ? Telles dépositions ne sont ny le dire, ny le langage du déposant. C'est l'artifice d'un enquesteur, lequel fait parler le tesmoin, comme il lui semble... J'ai souventes fois ouy dire au feu lieutenant de ce siège, homme bien advisé, que les tesmoins ressemblaient aux cloches. Tout ainsi qu'on leur fait dire tout ce qu'on veut, ainsi le tesmoin, selon qu'il est examiné, et selon les termes dont on orne et habille son dire, charge ou descharge... Aujourd'huy que toutes les fonctions qui résidaient aux parties et aux advocats sont en le juge, il faut qu'il approche tellement de ruse et finesse, s'il veut bien tirer les vers du nez d'un criminel, qu'à grand peine saurait-on dire, si ces artifices se doibvent appeler justice ou circonvention. »

Mais cette protestation est bien ancienne ; elle a précédé l'ordonnance de 1670. Plaçons-nous (1) après l'ordonnance ;

(1) L'abbé Fleury trace pour son élève le duc de Bourgogne un plan de gouvernement, et, parlant des lois, il s'exprime en ces termes : Il y a lieu de réformer, notre procédure criminelle tirée de l'Inquisition ; elle tend plus à découvrir et punir les coupables qu'à justifier les innocents. »

et voyons si Pierre Ayrault est le seul magistrat qui ait critiqué le secret de l'instruction. Nous sommes en 1766, devant le Parlement de Grenoble ; l'avocat général Servan prononce une mercuriale, et voici quelles réformes lui paraissent indispensables dans le fonctionnement de la justice : « Le nom de sauveur doit être réservé pour le souverain, qui rendra l'instruction criminelle publique dans ses États et fera juger l'accusé par ses pairs. ». Ainsi en 1766 l'orateur du parquet réclame une double amélioration, le contrôle de l'instruction et le jury. Qu'on le remarque : il ne veut pas l'une ou l'autre de ces améliorations, il les veut toutes les deux. Nous avons obtenu de la Révolution française le jury ; mais nous qui vivons à la fin du XIXe siècle, nous attendons encore que le législateur nous donne ce que demandait Servan en 1766, le contrôle de l'instruction. Nos vœux sont donc des vœux anciens ; et je suis moins radical que l'avocat général de 1766, car je n'exige pas la publicité intégrale de l'instruction, je me contente de la présence du défenseur.

Voulez-vous entendre maintenant, en dehors du cercle professionnel des magistrats, la voix d'un grand penseur, d'un grand philosophe, qui s'est fait, par amour du bien public, le commentateur indépendant et le critique de l'ordonnance de 1670? Ecoutez Voltaire : « Chez les Romains, les témoins étaient entendus publiquement, en présence de l'accusé, qui pouvait leur répondre, les interroger lui-même ou leur mettre en tête un avocat. Cette procédure était noble et franche (*Commentaire sur les délits et les peines*, art. 22)... En France le Code criminel paraît être dirigé pour la perte des citoyens, en Angleterre pour leur sauvegarde (*Prix de la justice et de l'humanité*, art. 32)... Toutes les procédures secrètes ressemblent peut-être trop à la mèche qui brûle imperceptiblement ponr mettre le feu à la tombe (*Prix de la justice*, art. 32)... Chez nous tout se fait secrètement. Un seul juge avec son greffier entend chaque témoin... Les déposants sont pour l'ordinaire des gens de la lie du peuple, à qui le juge, enfermé avec eux, peut faire dire tout ce qu'il voudra (*Commentaire sur les délits et les peines*, art. 33)... Plonger l'accusé dans un cachot, l'y laisser seul en proie à son chagrin, à son désespoir, l'interroger seul quand sa mémoire doit être égarée par les angoisses de la crainte et du trouble entier de la machine, n'est-ce pas attirer un voyageur dans une caverne de voleurs pour l'y assassiner? C'est surtout la méthode de l'Inquisition. Ce mot seul imprime l'horreur (*Comm. des délits et des peines*, art. 33). »

Mais ce sont là, dira M. de Gavardie, des voix isolées, des rêveurs solitaires. Eh bien! interrogez la nation; ouvrez les cahiers de 1789, et lisez les doléances du pays, exprimées par le Tiers-État, par le Clergé, par la Noblesse: « La publicité des procédures, établie autrefois en France, en usage dans tous les temps chez presque toutes les nations civilisées, sera rétablie, et l'on fera désormais l'instruction portes ouvertes et audience tenante (Ville de Paris, Cah. du Tiers, Éd. Prudh. 3. vol., 159.)... Quant à la réforme du Code criminel, le désir du clergé serait... que l'instruction de la procédure criminelle se fît publiquement, interrogatoire, déposition des témoins, recolement et confrontation (Clergé de Mantes.)... Qu'il soit donné en toute matière, et dès l'origine de l'instruction, un conseil aux accusés, et que le Conseil soit autorisé à prendre communication toutes les fois qu'il le trouvera nécessaire (La Rochelle, Cah. du Tiers, 3e vol., 161)... Qu'il ne soit plus permis au juge de procéder aux interrogatoires et autres actes de l'instruction qu'assisté de deux autres juges (La

Rochelle, Cah. du Tiers, 3e vol. 160)... Que les informations soient faites, non pas devant un juge seul, mais devant deux juges (Toul, Cah. du Tiers, 3e vol. p. 162)... Que l'information et le premier interrogatoire soient faits en présence de trois juges (Lyon, Cah. du Tiers, 3e vol. p. 162)... Qu'il ne puisse être instruit aucun procès criminel, contre quelque citoyen que ce soit, que le juge ne soit assisté dans tous les actes de la procédure, d'un ou de plusieurs citoyens de l'ordre de celui qui sera accusé (Vermandois, Cah. de la Noblesse, 2e vol. p. 144).

Ainsi du cahier des trois ordres se dégage une pensée commune : il faut réformer l'instruction préparatoire ; il faut créer en faveur des inculpés des garanties nouvelles. Ces garanties nouvelles aboutissent toujours, en fait d'instruction, à l'établissement d'un contrôle des actes des magistrats. Les cahiers recommandent plus particulièrement à l'attention du législateur deux façons de l'organiser : ou l'instruction se déroulera, portes ouvertes, devant la foule ; ou l'instruction demeurera secrète, mais elle ne se poursuivra plus devant un juge seul.

Saisie de ces vœux de la nation, qu'a fait la Constituante ? elle a condamné l'ordonnance de 1670, et elle s'est efforcée, par le beau décret du 8 octobre 1789, d'instituer le contrôle de l'information. Je supplie qu'on garde en mémoire les termes de ce décret, car la vraie solution, la solution honnête du difficile problème que le Parlement étudie est écrite dans cette admirable loi de la Constituante. D'après le décret du 8 octobre 1789, l'instruction peut commencer avant l'arrestation de l'inculpé. Mais, dans ce cas, le juge ne peut opérer sans la présence de deux témoins, nommés par la municipalité, et qu'on appelle des adjoints. Les adjoints prêtent serment à la commune, entre les mains des officiers municipaux, de remplir fidèlement leurs fonctions et surtout de garder un secret inviolable sur le contenu de la plainte et autres actes de la procédure (article 2). Ils assistent à l'information, et entendent les témoins (art. 6). Ils sont tenus, en leur âme et conscience, de faire au juge les observations, tant à charge qu'à décharge, qu'ils trouveront nécessaires pour l'explication des dires des témoins ou l'éclaircissement des faits (art. 7). Ils assistent également aux constatations matérielles, sur le lieu du crime; ils pourront présenter leurs observations dont sera fait mention, et signeront les procès-verbaux, à peine de nullité (art. 5). Quand l'arrestation de l'inculpé est ordonnée et effectuée, les adjoints disparaissent, mais non les garanties; la procédure devient désormais publique; dès le premier interrogatoire l'accusé est assisté d'un défenseur qui prend communication de toutes les pièces, et l'accusé peut ne pas répondre avant d'avoir lui-même entendu la lecture du dossier (art. 10, 12, 13, 14). S'il est nécessaire d'appeler de nouveaux témoins, ils déposeront désormais en présence de l'accusé et de son avocat (article 15).

J'approuve fort le décret de 1789. La Constituante veut que le rassemblement des preuves soit contrôlé ; elle délègue à cette fonction deux adjoints d'abord, plus tard un conseil ; le système est d'une rare puissance. On voit que mon avocat, témoin silencieux des actes du juge, a des prédécesseurs dans l'histoire de notre droit.

L'œuvre de la Constituante ne fut malheureusement pas maintenue dans sa pureté. La Révolution modifia plusieurs fois en peu d'années le régime judiciaire de la France, et le contre-coup de ces changements se fit sentir dans la procédure. Les lois de 1791, de l'an IV, de l'an IX entamèrent le décret de 1789 ; et, sous le premier Empire, le Code de 1808 vint, quant à l'instruction préparatoire, ressusciter les principes les plus fâcheux de l'ordonnance de 1670. On ne parla plus d'adjoints ni de conseil ; et de nouveau, pendant la période de l'instruction, le magistrat travailla, dans la nuit du huis-clos, loin de tout œil profane.

Mais cette restauration du passé fut laborieuse, disputée ; et les doctrines que je défends furent même en 1808 présentées avec éclat et fermeté.

La Cour de Pau, que je signale à M. de Gavardie, est particulièrement nette dans son opinion. « La procédure, établie par l'ordonnance de 1670, fut justement censurée pour deux raisons principales : la première que l'instruction était secrète, la seconde que l'accusé était sans conseil. Au lieu de changer cet ordre vicieux, l'esprit de système de la Révolution adopta le jury, c'est-à-dire une institution étrangère à nos mœurs. » (Observat. des Cours d'appel, Paris XIII p. 107). La Cour de Pau n'aime pas le jury ; mais ce que je souligne dans ses observations, c'est cette condamnation formelle qu'elle prononce contre l'ordonnance de 1670 et contre le secret de l'information.

La Cour de Nancy est plus explicite. Elle voudrait qu'un juge, remplaçant le lieutenant criminel d'autrefois, mais assisté d'un suppléant du tribunal, entendît le prévenu, les témoins et fît écrire les réponses. Elle voudrait en outre que les témoins fussent plus tard recolés et confrontés, en Chambre du Conseil, par le juge remplaçant le lieutenant criminel, en présence d'un suppléant, de l'inculpé ayant près de lui son avocat, et du commissaire du gouvernement. Le public ne serait pas admis à ces actes d'instruction (Nancy, p. 10).

Voilà des Cours souveraines, qui se rendent compte des nécessités de la pratique, et qui comprennent que la présence de témoins choisis aux divers actes de l'information est une sécurité à la fois pour l'inculpé et pour la magistrature elle-même.

Mais au Tribunat, au conseil d'Etat les mêmes idées se font jour. « On vous propose aujourd'hui, dit le tribun Ganilh, de faire écrire les dépositions en secret, lors même que l'accusé est arrêté et peut être présent; on vous propose de rétablir une partie de la procédure odieuse dont tous les cahiers des bailliages demandèrent la suppression, et qui, avant l'institution du jury d'accusation, nécessita l'adjonction de deux notables dans chaque information. On vous propose de baser sur cette procédure occulte et ténébreuse la décision du jury d'accusation et d'infecter notre procédure criminelle, un des plus grands bienfaits de la Révolution, d'un des plus grands vices de la procédure criminelle de la Monarchie. » (Séance du 2 pluviôse an IX, *Arch. parlem.*, p. 137).

Au conseil d'État, en l'an XII, deux hommes surtout font des déclarations significatives en faveur du nouveau mode d'instruction. « Au commencement de la Révolution, dit Siméon, on fit des réformes utiles dans la procédure pénale, en introduisant dans l'information des adjoints qui surveillaient le juge instructeur, en rendant la confrontation publique, en donnant à l'accusé communication de toutes les pièces. » (Locré, t. 24, p. 21). « Le seul article des nouvelles institutions qui ait obtenu l'assentiment général, dit Bigot Préameneu, c'est la publicité de l'instruction. » (Locré, t. 24, p. 40).

Le grand juge proposait lui-même la publicité de l'instruction préparatoire et la communication des pièces à l'accusé.

Je reconnais que ces doctrines, protectrices des inculpés, succombèrent alors. Le Code de 1808 s'est inspiré d'un autre esprit. Il a répudié le libéralisme de la Révolution. Il nous a ramenés à 1670 ; il nous a ramenés à l'Inquisition.

La question, que le Sénat discute en ce moment, peut en effet se poser en ces termes étranges : en fait d'instruction préparatoire, lequel faut-il préférer du droit de l'Inquisition ou du droit de la Révolution? Il y a longtemps que mon choix personnel est fait.

Le Code de 1808, pendant tout le rassemblement des preuves, sacrifie indignement l'inculpé, et par là compromet la justice. Je demande qu'on nous débarrasse du Code de 1808, qui est détestable dans sa première partie.

Cette œuvre d'affranchissement est commencée. Grâce aux efforts de M. le Procureur général Dauphin et de la Commission, le Sénat en première lecture a déjà résolu, contre les partisans du *statu quo*, qu'un avocat pourrait conseiller l'inculpé dès le début de l'information, qu'il pourrait prendre communication des pièces, qu'il pourrait adresser au juge des réquisitions. Ces droits nouveaux, principaux ou secondaires, tendent à détruire l'inégalité qui existait, pendant la première moitié de la procédure, entre l'inculpé et le ministère public. M. le Procureur général Dauphin a fait triompher sur toute la ligne ce que j'ai appelé le système du contrôle après coup.

Je ne puis pourtant me contenter du système de M. Dauphin, et cela pour deux raisons sérieuses.

J'ai déjà indiqué que cette organisation du contrôle des opérations accomplies ne garantissait pas pleinement l'exactitude absolue des opérations décrites aux procès-verbaux. Je ne reviens pas sur la critique étendue que j'ai faite à ce point de vue de la théorie que le Sénat a consacrée en première lecture.

Mais le système de M. Dauphin me paraît entaché d'un autre vice également essentiel. Les garanties déjà insuffisantes du contrôle après coup, ces garanties, qu'organise avec une abondance apparente le projet admis par le

Sénat, ont le tort de s'évanouir, en vertu des textes mêmes qui ont été votés, toutes les fois que M. le juge d'instruction le voudra. Il n'est pas une de ces garanties en effet qui soit ferme, pas une qui soit obligatoire ; elles sont toutes facultatives au gré du magistrat. Ainsi le projet promet le secours de l'avocat ; mais les articles 114 et 139 décident que le juge pourra interdire tous rapports entre l'inculpé et le conseil. Le projet promet que l'avocat étudiera le dossier, au cours des opérations ; mais l'art. 141 décide que le juge pourra refuser au conseil la communication des pièces. Le projet promet que, avant d'interroger l'inculpé, le juge devra résumer d'une façon générale les premiers incidents de la procédure (art. 130) ; mais dans la discussion publique, M. Dauphin a concédé que ce résumé n'était exigé que lors des interrogatoires proprement dits, qu'il n'était pas prescrit lors des confrontations de l'inculpé avec les témoins ; et par suite le juge qui croira maladroit d'initier trop vite l'inculpé aux découvertes déjà faites, usera de confrontations répétées, et tournera ainsi l'article 130, rejetant tout à fait à la fin de l'instruction le solennel interrogatoire et son malencontreux résumé. Le projet Dauphin, à raison du caractère facultatif de toutes ses dispositions, devient ainsi un immense mirage ; et tout cet échafaudage de règles protectrices de l'innocent, péniblement élevé par le Sénat, s'écroule, comme un château de cartes, sous le coup de baguette du magistrat. Il faut que nos législateurs du palais du Luxembourg le comprennent bien : le projet, qu'ils ont voté en première délibération, aboutit à ce mince résultat, qui est un avortement : le contrôle fonctionnera, si le contrôlé le permet (1) !

---

(1) Ce défaut du système de M. Dauphin n'a pas échappé à la sagacité de MM. Bozérian, Bernard et Bouché-Cadard.

Il y aura ceci de piquant, si le Sénat maintient en seconde lecture le projet Dauphin, qu'en réalité les juges d'instruction pourront, à leur choix, ou se conformer au système de 1882, qui rend obligatoires en principe l'avocat, la communication des pièces, etc.; ou se conformer au système de 1808, qui ne déclare obligatoires ni la communication des pièces ni le défenseur. Pour en venir là, il est inutile d'abroger le Code de 1808, d'autant que, sous le Code de 1808, avec les textes actuels, les juges d'instruction, s'ils ne sont pas forcés de communiquer les pièces, s'ils ne sont pas forcés d'admettre un défenseur, peuvent du moins, s'ils sont bienveillants et libéraux, autoriser en tout état de cause la communication du dossier et l'intervention de l'avocat. Il n'est donc pas besoin, si l'on n'accorde aux accusés que des droits subordonnés à la générosité des magistrats, de déchirer le Code de 1808: il n'est indispensable de déchirer le Code de 1808 que si l'on veut avec moi conférer aux accusés des droits que les magistrats ne puissent ni suspendre ni détruire.

La réforme, à laquelle j'ai conclu personnellement et que j'ai trop longuement définie dans les pages qui précèdent, n'a pas l'ampleur du système de M. le Procureur général Dauphin; elle est modeste, limitée; elle tient du moins ce qu'elle promet. Ce que je demande en effet, c'est que l'avocat assiste, comme témoin instrumentaire, aux divers actes de l'instruction; mais cette assistance, qui est l'unique sauvegarde des inculpés au cours de l'information, j'entends qu'elle soit effective toujours; dès lors je réclame l'assistance de l'avocat aux actes d'information, alors même que le juge aurait ordonné la mise au secret, alors même qu'il aurait interdit tout entretien entre l'inculpé et son conseil. Je fais de la présence de l'avocat aux constatations matérielles, aux dépositions de témoins, aux interrogatoires de l'accusé, non pas une règle potestative au gré du juge, mais une règle impérative que le juge devra respecter sous peine de responsabilité personnelle.

Je manquerais à la cause que je soutiens, si, avant de terminer, j'omettais une observation que j'estime très-grave.

Quand, au lendemain d'un crime, il faut rassembler les preuves de ce crime, on dit souvent que le Code de 1808 a établi un système unique d'information ; et l'on ne songe qu'au juge d'instruction, qui opère seul, et entend en secret l'inculpé et les témoins. On ne voit que cela dans le Code. La vérité est pourtant qu'à côté de ce premier mode d'information, qui est le mode habituel, il existe un second mode d'information, plus rare, j'en conviens, qu'on emploie au cas de flagrant délit. Dans cette hypothèse, que prévoient les articles 32, 33, 35, 40, 42 du Code d'Instruction criminelle, c'est le procureur de la République, qui agit comme magistrat instructeur ; mais, et c'est là le fait que je veux souligner, le procureur ne procède alors qu'avec l'assistance nécessaire de deux témoins qui contresignent les procès-verbaux. C'est un vestige du fameux décret de 1789. M. le Procureur général Dauphin, lors de la première délibération, a fait maintenir ces dispositions remarquables. Les nouveaux articles 166 et 168 disposent en effet qu'au cas de crime flagrant le procureur se transporte sur les lieux, reçoit les dépositions, interroge l'inculpé, et qu'il doit être assisté de deux témoins instrumentaires.

Eh bien ! je m'empare des anciens articles 40 et 42, des nouveaux articles 166 et 168, et je dis à M. le Rapporteur de la Commission sénatoriale :

Nous avons en France deux types parallèles d'instruction préparatoire; — une instruction fermée, et dès lors dangereuse pour l'innocent, que la loi a confiée au juge; — une autre instruction, contrôlée celle-là, contrôlée immédiatement par des témoins muets, offrant plus de garanties à l'inculpé innocent, c'est l'instruction confiée au procureur. La différence qui existe entre les deux procédures ne tient pas à la diversité des fonctionnaires qui y président: faire du juge un être sans passion, qui ne saurait être soupçonné (1),—et du procureur au contraire un être passionné qu'on a le droit de soupçonner quelque peu, n'est en somme qu'un verbiage sans sincérité et sans portée. Je demande dès lors pourquoi, vous, législateur de l'avenir, qui pouvez librement choisir entre ces deux types d'instruction, dont l'un est bon, dont l'autre est défectueux, vous nous imposez justement, comme droit commun, celui-là qui se caractérise par une absence totale de garanties? Je serre l'argument : si la présence de deux témoins instrumentaires est inutile, quand un magistrat opère, pourquoi l'exigez-vous quand le procureur informe? si la présence des témoins est utile, même quand un magistrat opère, pourquoi la prohibez-vous quand le juge instruit? Vous avez deux poids et deux mesures; et pourtant il s'agit dans les deux hypothèses de trancher un problème identique!

Je ne sais si je m'abuse. Mais quand je m'insurge contre cette doctrine routinière et meurtrière, qui pose en dogme que la lumière ne peut sortir que de la nuit et qu'on protège suffisamment les innocents en les jetant garrottés aux

(1) M. de Gavardie, en demandant que le juge puisse être pris à partie, reconnaît lui-même que ce magistrat peut très exceptionnellement céder à des préventions, à la passion.

pieds d'un magistrat unique, il me semble que je puis invoquer, à l'appui de ma protestation et de mes conclusions, non pas seulement ces penseurs indépendants du XVIIe et du XVIIIe siècles, qui se nomment Ayrault, Servan, Voltaire, non pas seulement nos grands, honnêtes et impartiaux ancêtres de 1789, mais le Code de 1808 lui-même dans son art. 42, et le projet que le Sénat vient de voter en première lecture, dans ses art. 166 et 168.

Je demande donc, que la procédure préparatoire, spéciale au flagrant délit, cette procédure, qui est l'accident, devienne la règle. Je supplie le Sénat, qui va bientôt aborder la seconde délibération, de prendre, comme bases constantes de la législation future, les art. 166 et 168 généralisés. Les art. 166 et 168 organisent une information contrôlée; et je ne crains pas de le dire : le contrôle, — et, quand je parle de contrôle, je ne puis faire allusion qu'à un contrôle réel et immédiat, — le contrôle est l'antidote nécessaire de cet autre mal nécessaire, qui s'appelle le pouvoir discrétionnaire, le pouvoir illimité des magistrats instructeurs.

Paris, 21 *juin* 1882,

JULES LEVEILLÉ.

Paris, impr. F. PICHON. — A. COTILLON & Cie, 30, rue de l'Arbalète, & 24, rue Soufflot.

EN VENTE CHEZ LES MÊMES ÉDITEURS.

Ouvrages du même auteur :

DE L'ABOLITION DE LA CONTRAINTE PAR CORPS.

DE LA LÉGALITÉ DES MARCHÉS A TERME.

NOTRE MARINE MARCHANDE ET SON AVENIR.

DE LA REVENDICATION DES TITRES AU PORTEUR, AU MOYEN DE LA PUBLICATION DES OPPOSITIONS.

DE LA TÉLÉGRAPHIE PNEUMATIQUE A PARIS.

Paris, imp. F. PICHON. — A. COTILLON & Cie, 30, rue de l'Arbalète, & 24, rue Soufflot.

www.ingramcontent.com/pod-product-compliance
Ingram Content Group UK Ltd.
Pitfield, Milton Keynes, MK11 3LW, UK
UKHW022140260726
13993UKWH00005B/2059

9 782329 170879